SMOOTHIES
AUX FLOCONS D'AVOINE

POUR UN EXCELLENT DÉBUT DE JOURNÉE

RECETTES DE SMOOTHIES RICHES
EN PROTÉINES POUR VOUS RASSASIER
TOUT AU LONG DE LA JOURNÉE

by Tamara Gregory

de TAMARA
GREGORY

Copyright © 2023
par TAMARA GREGORY. Tous les droits sont
réservés.

Licence de droit d'auteur

Arrêt. Quoi. Tu es. Action. Ce ne seront pas des petits caractères que vous ne verrez jamais parce que je préfère être honnête et ouvert avec vous sur combien j'apprécie le mien et le travail de mon équipe. Pour être honnête, je ne sais pas si vous aurez un jour l'intention de reproduire, copier, distribuer (etc.). Ce livre avec n'importe qui, mais juste pour que nous soyons sur la même longueur d'onde, voici :

Vous n'êtes pas autorisé à faire des reproductions imprimées ou électroniques, à vendre, republier ou distribuer ce livre en partie ou dans son ensemble, sauf si vous avez un consentement écrit exprès de moi ou de mon équipe.

Nous avons travaillé extrêmement dur sur tout le contenu que vous trouverez ici, alors aidez-nous à le maintenir en ne le partageant pas avec d'autres personnes. En dehors de cela, soyez prudent lorsque vous préparez nos recettes ! Si vous ne savez pas comment effectuer certaines étapes, faites quelques recherches avant d'aller plus loin, surtout si cela implique l'utilisation d'un couteau ou d'une flamme nue. Ni mon équipe ni moi-même n'assumons aucune responsabilité quant aux interprétations données à nos recettes. Rendez-vous en cuisine !

Table des matières

Licence de droit d'auteur 3
Introduction 8
   1.   Smoothie à l'avoine et aux fraises 9
      Durée : 10 minutesPortions : 2 Ingrédients 9
      Instructions 9
   2.   Smoothie à l'avoine et aux baies 11
      Durée : 10 minutesPortions : 2 Ingrédients 11
      Instructions 11
   3.   Smoothie à l'avoine et aux bleuets 12
      Durée : 10 minutesPortions : 2 Ingrédients 12
      Instructions 12
   4.   Smoothie à la mangue et à l'avoine 13
      Durée : 10 minutesPortions : 2 Ingrédients 13
      Instructions 13
   5.   Smoothie à l'avoine et au yogourt à la banane 14
      Durée : 10 minutesPortions : 2 Ingrédients 14
      Instructions 14
   6.   Smoothie à l'avoine et aux framboises 15
      Durée : 10 minutesPortions : 2 Ingrédients 15
      Instructions 15
   7.   Smoothie PB 16
      Durée : 10 minutesPortions : 2 Ingrédients 16
      Instructions 16
   8.   Smoothie au brownie au chocolat 17
      Durée : 10 minutesPortions : 2 Ingrédients 17
      Instructions 17
   9.   Smoothie citron myrtille 18
      Durée : 10 minutesPortions : 2 Ingrédients 18
      Instructions 18
   10.   Smoothie au café 19
      Durée : 10 minutesPortions : 2 Ingrédients 19
      Instructions 19

11. Smoothie à la tarte à la citrouille	20
Durée : 10 minutesPortions : 2 Ingrédients	20
Instructions	20
12. Smoothie à la tarte aux pommes	21
Durée : 10 minutesPortions : 2 Ingrédients	21
Instructions	21
13. Smoothie à la noix de coco	22
Durée : 10 minutesPortions : 2 Ingrédients	22
Instructions	22
14. Smoothie chocolat PB	23
Durée : 10 minutesPortions : 2 Ingrédients	23
Instructions	23
15. Smoothie cordonnier aux pêches	24
Durée : 10 minutesPortions : 2 Ingrédients	24
Instructions	24
16. Smoothie gâteau au fromage	25
Durée : 10 minutesPortions : 2 Ingrédients	25
Instructions	25
17. Smoothie pomme caramel	26
Durée : 10 minutesPortions : 2 Ingrédients	26
Instructions	26
18. Smoothie à la gelée de beurre de cacahuète	27
Durée : 10 minutesPortions : 2 Ingrédients	27
Instructions	27
19. Smoothie aux noix de cajou	28
Durée : 10 minutesPortions : 2 Ingrédients	28
Instructions	28
20. Smoothie aux amandes	29
Durée : 10 minutesPortions : 2 Ingrédients	29
Instructions	29
21. Smoothie aux graines mélangées	30
Durée : 10 minutesPortions : 2 Ingrédients	30
Instructions	30
22. Smoothie petit-déjeuner	31
Durée : 10 minutesPortions : 2 Ingrédients	31
Instructions	31
23. Smoothie protéiné	32

  Durée : 10 minutesPortions : 2 Ingrédients 32
  Instructions 32
 24. Smoothie tropical 33
  Durée : 10 minutesPortions : 2 Ingrédients 33
  Instructions 33
 25. Smoothie aux dattes 34
  Durée : 10 minutesPortions : 2 Ingrédients 34
  Instructions 34
 26. Smoothie vert 35
  Durée : 10 minutesPortions : 2 Ingrédients 35
  Instructions 35
 26. Smoothie au café aux dattes 36
  Durée : 10 minutesPortions : 2 Ingrédients 36
  Instructions 36
 27. Smoothie au lait 37
  Durée : 10 minutesPortions : 2 Ingrédients 37
  Instructions 37
 28. Smoothie chai latte 38
  Durée : 10 minutesPortions : 2 Ingrédients 38
  Instructions 38
 29. Smoothie au pain d'épice 39
  Durée : 10 minutesPortions : 2 Ingrédients 39
  Instructions 39
Conclusion 40

Introduction

En tant qu'amateur d'aliments sains, je cherchais des moyens de pratiquer une alimentation plus consciente. Avoir une pâtisserie sur le chemin du travail était l'option la plus rapide disponible. Mais ce n'est pas un choix de petit-déjeuner sain. Pour résoudre ce problème, j'ai commencé à préparer différents smoothies. Cependant, nous savons tous que ne consommer que des fruits au petit-déjeuner ne vous rassasiera pas jusqu'au déjeuner. J'ai fait mes recherches et trouvé la formule parfaite pour élever un smoothie satisfaisant qui peut remplacer un repas. Le secret est d'ajouter de la farine d'avoine, qui apportera des fibres et des glucides sains à votre smoothie. Il remplacerait la bouillie d'avoine, qui pourrait être difficile à consommer pour certains sur le chemin du travail.

Vous préparerez un délicieux petit-déjeuner ou une collation à emporter en mélangeant de l'avoine, des fruits et des noix. Es-tu prêt? Commençons, car j'ai hâte de partager ces recettes avec vous!

1. Smoothie à l'avoine et aux fraises

Lorsque vous avez besoin d'un nouveau départ pour la journée, la combinaison de fraises et d'avoine est un choix idéal. Le smoothie décadent a un goût excellent tout en vous rassasiant pour la journée. La recette est suffisante pour deux smoothies, mais vous pouvez facilement avoir les ingrédients si vous ne la préparez que pour un seul repas.

Durée : 10 minutes

Portions : 2

Ingrédients

- 1 ½ tasse de lait, laitier ou à base de plantes selon votre
- préférence ½ tasse de flocons d'avoine
- 1 banane, coupée en morceaux et congelée
- 2 tasses de fraises surgelées, pré-emballées, ou vous pouvez les congeler vous-même
- 1 cuillère à café de sirop d'érable ou de miel
- 1 cuillère à café d'extrait de vanille pure

Instructions

Ajoutez tous les ingrédients de votre smoothie à l'avoine dans un mélangeur. Assurez-vous d'utiliser un robot culinaire ou un mélangeur à grande vitesse pour mélanger les morceaux de fruits congelés.

Mélanger le smoothie à l'avoine jusqu'à consistance lisse et crémeuse.

Servez votre smoothie immédiatement ou versez-le dans vos tasses à smoothie portables.

2. Smoothie à l'avoine et aux baies

Un smoothie à l'avoine et aux baies est tout ce dont vous avez besoin pour profiter de la journée. Les antioxydants, les vitamines et les glucides sains fourniront suffisamment d'énergie pour effectuer vos tâches. J'adore ce smoothie comme petit-déjeuner pour les journées chargées où je suis en déplacement.

Durée : 10 minutes

Portions : 2

Ingrédients

- 1 ½ tasse de lait, laitier ou à base de plantes selon votre
- préférence ½ tasse de flocons d'avoine
- 1 banane, coupée en morceaux et congelée
- 2 tasses de mélange de baies surgelées, préemballé
- 1 cuillère à café de sirop d'érable ou de miel
- 2 cuillères à soupe de baies pour la garniture, si désiré

Instructions

Ajoutez tous les ingrédients de votre smoothie à l'avoine dans un mélangeur. Assurez-vous d'utiliser un robot culinaire ou un mélangeur à grande vitesse pour mélanger les morceaux de fruits congelés.

Mélanger le smoothie à l'avoine jusqu'à consistance lisse et crémeuse.

Servez votre smoothie immédiatement ou versez-le dans vos tasses à smoothie portables.

3. Smoothie à l'avoine et aux bleuets

Aussi simple soit-il, le smoothie aux baies est mon choix idéal pour les journées chargées. J'aime préparer les ingrédients le soir, ils sont donc prêts et m'attendent sur le comptoir.

Durée : 10 minutes

Portions : 2

Ingrédients

- 1 ½ tasse de lait, laitier ou à base de plantes selon votre
- préférence ½ tasse de flocons d'avoine
- 1 banane, coupée en morceaux et congelée
- 2 tasses de bleuets surgelés
- 1 cuillère à café de sirop d'érable ou de miel
- 1 cuillère à café d'extrait de vanille

Instructions

Ajoutez tous les ingrédients de votre smoothie à l'avoine dans un mélangeur. Assurez-vous d'utiliser un robot culinaire ou un mélangeur à grande vitesse pour mélanger les morceaux de fruits congelés.

Mélanger le smoothie à l'avoine jusqu'à consistance lisse et crémeuse.

Servez votre smoothie immédiatement ou versez-le dans vos tasses à smoothie portables.

4. Smoothie à la mangue et à l'avoine

Le smoothie à la mangue et à l'avoine est mon choix préféré pour les jours où j'ai envie de saveurs tropicales. J'adore siroter ce smoothie en allant au travail tout en écoutant ma chanson préférée. Vous pouvez remplacer l'édulcorant par un autre selon vos préférences.

Durée : 10 minutes

Portions : 2

Ingrédients

- 1 ½ tasse de lait, laitier ou à base de plantes selon votre
- préférence ½ tasse de flocons d'avoine
- 1 banane, coupée en morceaux et congelée
- 2 tasses de morceaux de mangue surgelés
- 1 cuillère à café de sirop d'érable ou de miel

Instructions

Ajoutez tous les ingrédients de votre smoothie à l'avoine dans un mélangeur. Assurez-vous d'utiliser un robot culinaire ou un mélangeur à grande vitesse pour mélanger les morceaux de fruits congelés.

Mélanger le smoothie à l'avoine jusqu'à consistance lisse et crémeuse.

Servez votre smoothie immédiatement ou versez-le dans vos tasses à smoothie portables.

5. Smoothie à l'avoine et au yogourt à la banane

J'adore cette recette car elle contient du yaourt comme source supplémentaire de protéines. Que vous ayez besoin d'un petit-déjeuner savoureux ou que vous vouliez siroter un smoothie lors de votre promenade matinale, celui-ci est un excellent choix.

Durée : 10 minutes

Portions : 2

Ingrédients

- 1 tasse de lait, laitier ou végétal, selon votre préférence
- ½ tasse de flocons d'avoine
- 2 bananes, coupées en morceaux et congelées
- 2 tasses congelées
- 1 tasse de yogourt grec à la vanille
- 1 cuillère à café de sirop d'érable ou de miel

Instructions

Ajoutez tous les ingrédients de votre smoothie à l'avoine dans un mélangeur. Assurez-vous d'utiliser un robot culinaire ou un mélangeur à grande vitesse pour mélanger les morceaux de fruits congelés.

Mélanger le smoothie à l'avoine jusqu'à consistance lisse et crémeuse.

Servez votre smoothie immédiatement ou versez-le dans vos tasses à smoothie portables.

6. Smoothie à l'avoine et aux framboises

Même les enfants adoreront ce smoothie aux framboises enrichi d'extrait de vanille et de flocons d'avoine. C'est une excellente alternative à votre bouillie de petit-déjeuner et son goût est bien meilleur.

Durée : 10 minutes

Portions : 2

Ingrédients

- 1 ½ tasse de lait, laitier ou à base de plantes selon votre
- préférence ½ tasse de flocons d'avoine
- 1 banane, coupée en morceaux et congelée
- 2 tasses de framboises surgelées
- 1 cuillère à café de sirop d'érable ou de miel
- 1 cuillère à café d'extrait de vanille pure
- Framboises supplémentaires pour la garniture si désiré

Instructions

Ajoutez tous les ingrédients de votre smoothie à l'avoine dans un mélangeur. Assurez-vous d'utiliser un robot culinaire ou un mélangeur à grande vitesse pour mélanger les morceaux de fruits congelés.

Mélanger le smoothie à l'avoine jusqu'à consistance lisse et crémeuse.

Servez votre smoothie immédiatement ou versez-le dans vos tasses à smoothie portables.

7. Smoothie PB

L'avoine a une saveur émoussée, j'ai donc eu du mal à les intégrer dans mon alimentation. L'astuce consiste à les mélanger avec des saveurs familières pour camoufler le goût. Avec l'ajout de beurre de cacahuète et de banane, cette recette est délicieuse et facile à réaliser.

Durée : 10 minutes

Portions : 2

Ingrédients

- 1 ½ tasse de lait, laitier ou à base de plantes selon votre
- préférence ½ tasse de flocons d'avoine
- 2 bananes, coupées en morceaux et congelées
- 2 cuillères à soupe de beurre de cacahuète crémeux
- 1 cuillère à café de sirop d'érable ou de miel, ou plus si désiré

Instructions

Ajoutez tous les ingrédients de votre smoothie à l'avoine dans un mélangeur.

Mélanger le smoothie à l'avoine jusqu'à consistance lisse et crémeuse.

Servez votre smoothie immédiatement ou versez-le dans vos tasses à smoothie portables.

8. Smoothie au brownie au chocolat

Même mes enfants aiment les smoothies lorsqu'ils essaient cette recette fantastique. Le smoothie brownie au chocolat a un goût et une texture similaires à un milk-shake et ne contient que des ingrédients sains.

Durée : 10 minutes

Portions : 2

Ingrédients

- 1 ½ tasse de lait, laitier ou à base de plantes selon votre
- préférence ½ tasse de flocons d'avoine
- 2 bananes, coupées en morceaux et congelées
- 1 cuillère à soupe de cacao en poudre
- 1 cuillère à café de sirop d'érable ou de miel

Instructions

Ajoutez tous les ingrédients de votre smoothie à l'avoine dans un mélangeur.

Mélanger le smoothie à l'avoine jusqu'à consistance lisse et crémeuse.

Servez immédiatement votre smoothie saupoudré de poudre de cacao ou versez-le dans vos tasses à smoothie portables.

9. Smoothie citron myrtille

Lorsque la myrtille et le citron sont votre combo de dessert préféré, essayez ce smoothie.

Avec l'ajout de zeste de citron, il a la note d'agrumes parfaite.

Durée : 10 minutes

Portions : 2

Ingrédients

- 1 ½ tasse de lait, laitier ou à base de plantes selon votre
- préférence ½ tasse de flocons d'avoine
- 2 bananes, coupées en morceaux et congelées
- 1 cuillère à café de zeste de citron
- ½ tasse de bleuets, frais ou décongelés
- 2 cuillères à café de sirop d'érable ou de miel

Instructions

Ajoutez tous les ingrédients de votre smoothie à l'avoine dans un mélangeur.

Mélanger le smoothie à l'avoine jusqu'à consistance lisse et crémeuse.

Servez votre smoothie immédiatement ou versez-le dans vos tasses à smoothie portables.

10. Smoothie au café

Si vous souhaitez combiner votre café du matin et votre petit-déjeuner en un seul, cette recette de smoothie saura ze vous. Une tasse de café infusé fournira la dose de caféine nécessaire, tandis que l'avoine vous donnera de l'énergie.

Durée : 10 minutes

Portions : 2

Ingrédients

- 1 tasse de lait, laitier ou végétal, selon votre préférence
- ½ tasse de flocons d'avoine
- 1 banane, coupée en morceaux et congelée
- 1 tasse de café infusé et refroidi congelé dans des glaçons
- 1 cuillère à café de sirop d'érable ou de miel

Instructions

Ajoutez tous les ingrédients de votre smoothie à l'avoine dans un mélangeur.

Mélanger le smoothie à l'avoine jusqu'à consistance lisse et crémeuse.

Servez votre smoothie immédiatement ou versez-le dans vos tasses à smoothie portables.

11. Smoothie à la tarte à la citrouille

Les saveurs fantastiques de la citrouille, de la cannelle et de la noix de muscade fusionnent parfaitement pour offrir la sensation ultime. J'adore préparer ce smoothie pour me remonter le moral lors des froides journées d'automne.

Durée : 10 minutes

Portions : 2

Ingrédients

- 1 ½ tasse de lait, laitier ou à base de plantes selon votre
- préférence ½ tasse de flocons d'avoine
- 1 banane, coupée en morceaux et congelée
- 1 tasse de purée de citrouille
- ½ cuillère à café de cannelle
- ½ cuillère à café de noix de muscade
- 1 cuillère à café de sirop d'érable ou de miel

Instructions

Ajoutez tous les ingrédients de votre smoothie à l'avoine dans un mélangeur.

Mélanger le smoothie à l'avoine jusqu'à consistance lisse et crémeuse.

Servez votre smoothie immédiatement ou versez-le dans vos tasses à smoothie portables.

12. Smoothie à la tarte aux pommes

Si vous avez envie de l'arôme d'une tarte aux pommes, ce smoothie vous rappellera tant de souvenirs. J'aime choisir les pommes les plus sucrées possibles pour recréer la saveur authentique qui me rappelle l'enfance.

Durée : 10 minutes

Portions : 2

Ingrédients

- 1 ½ tasse de lait, laitier ou à base de plantes selon votre
- préférence ½ tasse de flocons d'avoine
- 2 bananes, coupées en morceaux et congelées
- 1 pomme moyenne, épépinée
- 1 cuillère à café d'extrait de vanille pure
- ½ cuillère à café de cannelle
- ⅛ cuillère à café de cardamome moulue
- 1 cuillère à café de sirop d'érable ou de miel

Instructions

Ajoutez tous les ingrédients de votre smoothie à l'avoine dans un mélangeur.

Mélanger le smoothie à l'avoine jusqu'à consistance lisse et crémeuse.

Servez votre smoothie immédiatement ou versez-le dans vos tasses à smoothie portables.

13. Smoothie à la noix de coco

La combinaison de la vanille et de la noix de coco est idéale pour ceux qui aiment la saveur crémeuse de la noix de coco. Vous pouvez congeler le lait de coco dans un bac à glaçons et mélanger les cubes pour une option plus crémeuse.

Durée : 10 minutes

Portions : 2

Ingrédients

- 1 ½ tasse de lait, laitier ou végétal selon votre préférence
- ½ tasse de lait de coco, entier
- ½ tasse de flocons d'avoine
- 2 bananes, coupées en morceaux et congelées
- 1 cuillère à café d'extrait de vanille pure
- 1 cuillère à café de sirop d'érable ou de miel

Instructions

Ajoutez tous les ingrédients de votre smoothie à l'avoine dans un mélangeur.

Mélanger le smoothie à l'avoine jusqu'à consistance lisse et crémeuse.

Servez votre smoothie immédiatement ou versez-le dans vos tasses à smoothie portables.

14. Smoothie chocolat PB

La saveur intense du beurre de cacahuète crémeux et du cacao suffit à masquer l'avoine. Vous apprécierez les saveurs étonnantes tout en profitant des bienfaits de l'avoine.

Durée : 10 minutes

Portions : 2

Ingrédients

- 1 ½ tasse de lait, laitier ou à base de plantes selon votre
- préférence ½ tasse de flocons d'avoine
- 2 bananes, coupées en morceaux et congelées
- 1 cuillère à soupe de cacao en poudre
- 2 cuillères à soupe de beurre de cacahuète crémeux, plus un supplément pour arroser si vous le souhaitez
- 1 cuillère à café de sirop d'érable ou de miel

Instructions

Ajoutez tous les ingrédients de votre smoothie à l'avoine dans un mélangeur.

Mélanger le smoothie à l'avoine jusqu'à consistance lisse et crémeuse.

Servez votre smoothie immédiatement, arrosez de beurre de cacahuète ou versez-le dans vos tasses à smoothie portables.

15. Smoothie cordonnier aux pêches

Ce smoothie me rappelle une croûte de cordonnier croustillante et l'arôme des pêches à la cannelle. J'adore préparer un smoothie pour ces matins d'automne pluvieux, et c'est la première recette qui me vient à l'esprit.

Durée : 10 minutes

Portions : 2

Ingrédients

- ½ tasse de lait, laitier ou végétal selon votre préférence
- 1 tasse de yogourt grec
- ½ tasse de flocons d'avoine
- 1 banane, coupée en morceaux et congelée
- 2 tasses de pêches hachées, pelées
- 1 cuillère à café de cannelle
- 1 cuillère à café de sirop d'érable ou de miel

Instructions

Ajoutez tous les ingrédients de votre smoothie à l'avoine dans un mélangeur.

Mélanger le smoothie à l'avoine jusqu'à consistance lisse et crémeuse.

Servez votre smoothie immédiatement ou versez-le dans vos tasses à smoothie portables.

16. Smoothie gâteau au fromage

La combinaison de fraises sucrées et de l'onctuosité du yaourt grec recrée la saveur authentique du dessert. J'aime un bon smoothie quand j'ai envie de quelque chose de plus sucré, alors c'est un incontournable.

Durée : 10 minutes

Portions : 2

Ingrédients

- ½ tasse de lait, laitier ou végétal selon votre préférence
- ½ tasse de flocons d'avoine
- 1 banane, coupée en morceaux et congelée
- 2 tasses de framboises
- 1 tasse de yogourt grec
- 1 cuillère à café d'extrait de vanille pure
- 1 cuillère à café de sirop d'érable ou de miel

Instructions

Ajoutez tous les ingrédients de votre smoothie à l'avoine dans un mélangeur.

Mélanger le smoothie à l'avoine jusqu'à consistance lisse et crémeuse.

Servez votre smoothie immédiatement ou versez-le dans vos tasses à smoothie portables.

17. Smoothie pomme caramel

Les dattes Medjool ajoutent cette touche de caramel à votre smoothie. Jumelé à la pomme, vous obtenez les saveurs typiques de l'automne en un seul endroit.

Durée : 10 minutes

Portions : 2

Ingrédients

- 1 ½ tasse de lait, laitier ou à base de plantes selon votre préférence ½ tasse de flocons d'avoine
- 2 bananes, coupées en morceaux et congelées
- 1 cuillère à soupe de graines de chia
- ½ cuillère à café de cannelle
- 3 dattes Medjool

Instructions

Ajoutez tous les ingrédients de votre smoothie à l'avoine dans un mélangeur.

Mélanger le smoothie à l'avoine jusqu'à consistance lisse et crémeuse.

Servez votre smoothie immédiatement ou versez-le dans vos tasses à smoothie portables.

18. Smoothie à la gelée de beurre de cacahuète

Le beurre de cacahuète et la gelée sont un combo de saveurs populaire, alors je l'ai essayé dans un smoothie. J'ai ajouté des fraises fraîches et du miel pour obtenir la saveur de gelée sucrée. Ajoutez PB et votre délicieux repas est prêt à être consommé.

Durée : 10 minutes

Portions : 2

Ingrédients

- 1 ½ tasse de lait, laitier ou à base de plantes selon votre
- préférence ½ tasse de flocons d'avoine
- 2 bananes, coupées en morceaux et congelées
- 1 cuillère à soupe de beurre de cacahuète
- 1 tasse de fraises, fraîches ou décongelées
- 1 cuillère à café de sirop d'érable ou de miel

Instructions

Ajoutez tous les ingrédients de votre smoothie à l'avoine dans un mélangeur.

Mélanger le smoothie à l'avoine jusqu'à consistance lisse et crémeuse.

Servez votre smoothie immédiatement ou versez-le dans vos tasses à smoothie portables.

19. Smoothie aux noix de cajou

J'adore les recettes de smoothies car elles vous permettent d'être créatif et de faire vos combos de saveurs. Pour celui-ci, je suis resté simple avec du beurre de cajou, de la noix de muscade et des dattes pour cette saveur extra crémeuse et caramel.

Durée : 10 minutes

Portions : 2

Ingrédients

- 1 ½ tasse de lait, laitier ou à base de plantes selon votre
- préférence ½ tasse de flocons d'avoine
- 2 bananes, coupées en morceaux et congelées
- 1 cuillère à soupe de beurre de cajou
- ½ cuillère à café de muscade moulue
- 3 dattes Medjool

Instructions

Ajoutez tous les ingrédients de votre smoothie à l'avoine dans un mélangeur.

Mélanger le smoothie à l'avoine jusqu'à consistance lisse et crémeuse.

Servez votre smoothie immédiatement ou versez-le dans vos tasses à smoothie portables.

20. Smoothie aux amandes

L'inspiration pour cette recette est venue d'un biscuit aux amandes et à la vanille. Avec du beurre d'amande et de l'extrait de vanille, il a la même riche saveur de noisette et une touche sucrée.

Durée : 10 minutes

Portions : 2

Ingrédients

- 1 ½ tasse de lait d'amande
- ½ tasse de flocons d'avoine
- 1 cuillère à soupe de beurre d'amande
- 2 bananes, coupées en morceaux et congelées
- 1 cuillère à café d'extrait de vanille pure
- 1 cuillère à café de sirop d'érable ou de miel

Instructions

Ajoutez tous les ingrédients de votre smoothie à l'avoine dans un mélangeur.

Mélanger le smoothie à l'avoine jusqu'à consistance lisse et crémeuse.

Servez votre smoothie immédiatement ou versez-le dans vos tasses à smoothie portables.

21. Smoothie aux graines mélangées

Les graines ajouteront des graisses saines à votre smoothie. Le chia épaissira également votre smoothie et ajoutera de la saveur.

Durée : 10 minutes

Portions : 2

Ingrédients

- 1 ½ tasse de lait, laitier ou végétal selon votre préférence
- 1 banane, coupée en morceaux
- 1/4 tasse de flocons d'avoine
- 1 cuillère à soupe de graines de chia
- ½ cuillère à soupe de graines de lin
- 1 cuillère à café d'extrait de vanille
- 3 dattes Medjool

Instructions

Ajoutez tous les ingrédients de votre smoothie à l'avoine dans un mélangeur.

Mélanger le smoothie à l'avoine jusqu'à consistance lisse et crémeuse.

Servez votre smoothie immédiatement ou versez-le dans vos tasses à smoothie portables.

22. Smoothie petit-déjeuner

Avec du yogourt grec et du beurre de noix de cajou, cette recette est une version portable de mes flocons d'avoine préférés. J'aime consommer celui sur le chemin du travail et emporter la deuxième portion pour ma pause.

Durée : 10 minutes

Portions : 2

Ingrédients

- 1 tasse de lait, laitier ou végétal, selon votre préférence
- 1 tasse de yogourt grec
- 1 banane, coupée en morceaux
- 1/4 tasse de flocons d'avoine
- 1 cuillère à soupe de beurre de cajou
- ½ cuillère à soupe d'extrait de vanille

Instructions

Ajoutez tous les ingrédients de votre smoothie à l'avoine dans un mélangeur.

Mélanger le smoothie à l'avoine jusqu'à consistance lisse et crémeuse.

Servez votre smoothie immédiatement ou versez-le dans vos tasses à smoothie portables.

23. Smoothie protéiné

Essayez celui-ci lorsque vous cherchez une délicieuse recette de smoothie à savourer après un entraînement intense. Il est enrichi de poudre de protéines de vanille, alors rangez-le dans votre sac de sport après une séance d'exercice vigoureuse.

Durée : 10 minutes

Portions : 2

Ingrédients

- 1 ½ tasse de lait, laitier ou végétal selon votre préférence
- 1 banane, coupée en morceaux
- 1/4 tasse de flocons d'avoine
- 1 cuillère à soupe de poudre de protéines de vanille
- ¼ cuillère à café d'extrait de vanille pur
- ½ cuillère à café de cannelle

Instructions

Ajoutez tous les ingrédients de votre smoothie à l'avoine dans un mélangeur.

Mélanger le smoothie à l'avoine jusqu'à consistance lisse et crémeuse.

Servez votre smoothie immédiatement ou versez-le dans vos tasses à smoothie portables.

24. Smoothie tropical

L'ananas ajoute une saveur tropicale à ce smoothie. La combinaison fraîche vous fournit les nutriments nécessaires et un goût satisfaisant.

Durée : 10 minutes

Portions : 2

Ingrédients

- 1 ½ tasse de lait, laitier ou végétal selon votre préférence
- 1 banane, coupée en morceaux
- 1 tasse d'ananas haché
- 1/4 tasse de flocons d'avoine
- 1 cuillère à soupe de sirop d'érable
- ½ cuillère à soupe d'extrait de vanille pur

Instructions

Ajoutez tous les ingrédients de votre smoothie à l'avoine dans un mélangeur.

Mélanger le smoothie à l'avoine jusqu'à consistance lisse et crémeuse.

Servez votre smoothie immédiatement ou versez-le dans vos tasses à smoothie portables.

25. Smoothie aux dattes

Si vous aimez les dattes, cette recette de smoothie dépassera vos attentes. Avec du sirop de dattes et des dattes Medjool, c'est une recette de smoothie sucrée et décadente dont vous rêverez.

Durée : 10 minutes

Portions : 2

Ingrédients

- 1 ½ tasse de lait, laitier ou végétal selon votre préférence
- 1 banane, coupée en morceaux
- 1/4 tasse de flocons d'avoine
- 1 cuillère à soupe de sirop de dattes
- 1 datte Medjool

Instructions

Ajoutez tous les ingrédients de votre smoothie à l'avoine dans un mélangeur.

Mélanger le smoothie à l'avoine jusqu'à consistance lisse et crémeuse.

Servez votre smoothie immédiatement ou versez-le dans vos tasses à smoothie portables.

26. Smoothie vert

Si vous aimez consommer des légumes-feuilles, ajoutez une poignée de bébés épinards à votre simple recette de smoothie. Les autres ingrédients camoufleront la saveur, vous laissant avec un smoothie crémeux au goût délicieux.

Durée : 10 minutes

Portions : 2

Ingrédients

- 1 ½ tasse de lait, laitier ou végétal selon votre préférence
- 1 banane, coupée en morceaux
- 1/4 tasse de flocons d'avoine
- 1 tasse de pousses d'épinards
- 1 cuillère à soupe de miel

Instructions

Ajoutez tous les ingrédients de votre smoothie à l'avoine dans un mélangeur.

Mélanger le smoothie à l'avoine jusqu'à consistance lisse et crémeuse.

Servez votre smoothie immédiatement ou versez-le dans vos tasses à smoothie portables.

26. Smoothie au café aux dattes

Avec du café et des dattes, cette recette fantastique recrée la saveur de votre café au lait préféré. Si vous remplacez les bananes par des surgelées, vous aurez un latte glacé pour vous réconforter pendant les matinées chargées.

Durée : 10 minutes

Portions : 2

Ingrédients

- 1 tasse de lait, laitier ou végétal, selon votre préférence
- 1 tasse de café infusé, refroidi
- 3 dattes Medjool
- 1 banane, coupée en morceaux
- 1/4 tasse de flocons d'avoine
- 1 cuillère à soupe de graines de chia

Instructions

Ajoutez tous les ingrédients de votre smoothie à l'avoine dans un mélangeur.

Mélanger le smoothie à l'avoine jusqu'à consistance lisse et crémeuse.

Servez votre smoothie immédiatement ou versez-le dans vos tasses à smoothie portables.

27. Smoothie au lait

Une autre excellente recette si vous aimez réunir un smoothie et un café au petit-déjeuner en un. Dans ce cas, vous ajouterez du café instantané pour une grande saveur. Une pincée de sel est facultative, mais elle mettra en valeur la saveur du café.

Durée : 10 minutes

Portions : 2

Ingrédients

- 1 ½ tasse de lait d'amande à la vanille
- 1 banane, coupée en morceaux et congelée
- 2 cuillères à café de café instantané
- 1/4 tasse de flocons d'avoine
- 1 cuillère à soupe de sirop d'érable

Instructions

Ajoutez tous les ingrédients de votre smoothie à l'avoine dans un mélangeur.

Mélanger le smoothie à l'avoine jusqu'à consistance lisse et crémeuse.

Servez votre smoothie immédiatement ou versez-le dans vos tasses à smoothie portables.

28. Smoothie chai latte

La recette fantastique rassemble les meilleures épices pour un chai latte. Vous pouvez jouer avec eux et modifier les ratios pour créer différentes combinaisons de saveurs.

Durée : 10 minutes

Portions : 2

Ingrédients

- 1 ½ tasse de lait, laitier ou végétal selon votre préférence
- 1 banane, coupée en morceaux
- 1/4 tasse de flocons d'avoine
- 2 cuillères à soupe de beurre d'amande
- ¼ cuillère à café de gingembre moulu
- ⅛ cuillère à café de muscade moulue
- ⅛ cuillère à café de cardamome

Instructions

Ajoutez tous les ingrédients de votre smoothie à l'avoine dans un mélangeur.

Mélanger le smoothie à l'avoine jusqu'à consistance lisse et crémeuse.

Servez votre smoothie immédiatement ou versez-le dans vos tasses à smoothie portables.

29. Smoothie au pain d'épice

La recette a une base simple et un combo aromatique des meilleures épices à pain d'épice. Un smoothie qui sent les biscuits au pain d'épice rehaussera votre humeur.

Durée : 10 minutes

Portions : 2

Ingrédients

- 1 ½ tasse de lait, laitier ou végétal selon votre préférence
- 1 banane, coupée en morceaux
- 1/4 tasse de flocons d'avoine
- 1 cuillère à soupe de miel
- ¼ cuillère à café de cannelle
- ⅛ cuillère à café de gingembre moulu
- ⅛ cuillère à café de muscade moulue
- ⅛ cuillère à café de cardamome
- ⅛ cuillère à café de clous de girofle moulus

Instructions

Ajoutez tous les ingrédients de votre smoothie à l'avoine dans un mélangeur.

Mélanger le smoothie à l'avoine jusqu'à consistance lisse et crémeuse.

Servez votre smoothie immédiatement ou versez-le dans vos tasses à smoothie portables.

Conclusion

Après avoir vérifié ces incroyables recettes de smoothies à l'avoine, vous apprendrez à préparer un petit-déjeuner délicieux et nutritif. Je sais que l'avoine n'est peut-être que la préférée de certaines personnes en raison de son goût fade. Glisser quelques ingrédients améliorera la saveur et vous fera aimer l'avoine. Qu'il s'agisse de beurre de banane et de cacahuète, de fraise ou de mélange de baies, vous avez trente options à explorer. A vous maintenant de trouver vos favoris et de les préparer. Avec 30 idées, vous pouvez alterner les recettes et en essayer de nouvelles chaque jour. N'est-ce pas merveilleux !?

Merci beaucoup d'avoir vérifié ma collection de recettes organisée des meilleures recettes de smoothies. Si vous avez besoin de plus de bonnes recettes pour vous faciliter la vie, consultez le reste de la collection. Je suis sûr que vous y trouverez quelque chose qui correspond à vos besoins !

Printed in France by Amazon
Brétigny-sur-Orge, FR

21203662R00025